Para mis hijos, mi inspiración, Patrick Tomás, Alexandra María y Sofía Elizabeth.

Michele Salas

A mi madre, Jadwiga.

Katarzyna Rogowicz

A de alfabeto
A is for Alphabet

Michele Salas

Ilustrado por Katarzyna Rogowicz

A DE AVIÓN

A IS FOR AIRPLANE

B DE **B**ARCO

B IS FOR **B**OAT

C DE **C**OCHE

C IS FOR **C**AR

D DE **D**ADO

D IS FOR **D**ICE

E DE **E**LEFANTE

E IS FOR **E**LEPHANT

F DE **F**LOR

F IS FOR **F**LOWER

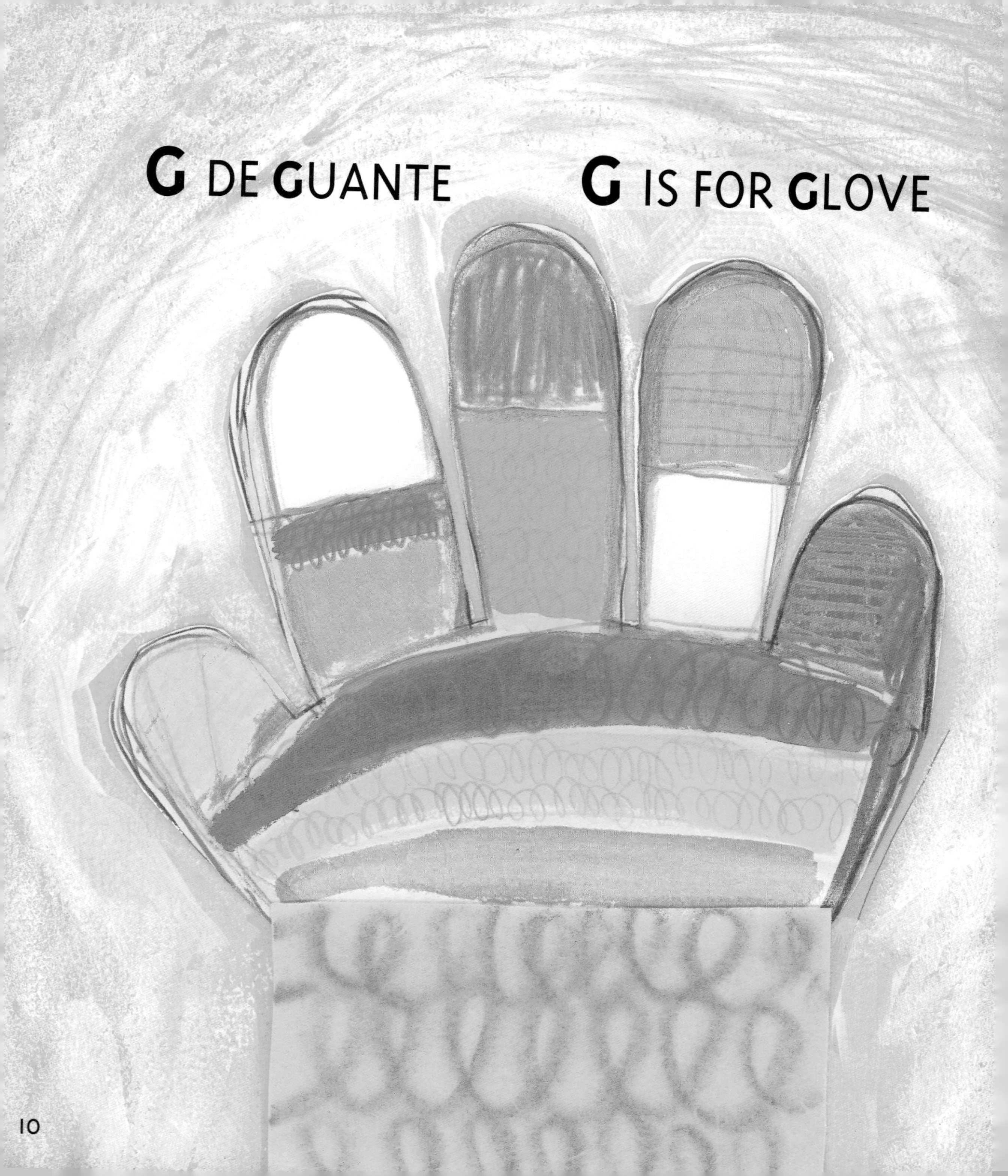

G DE **G**UANTE

G IS FOR **G**LOVE

H DE **H**IPOPÓTAMO

H IS FOR **H**IPPOPOTAMUS

I DE ISLA

I IS FOR ISLAND

J DE JAPONÉS   J IS FOR JAPANESE

K DE **K**OALA

K IS FOR **K**OALA

L DE LAGARTO   L IS FOR LIZARD

M DE MAMÁ

M IS FOR MOTHER

N DE NARIZ

N IS FOR NOSE

Ñ DE ÑU

Ñ DOES NOT EXIST IN ENGLISH

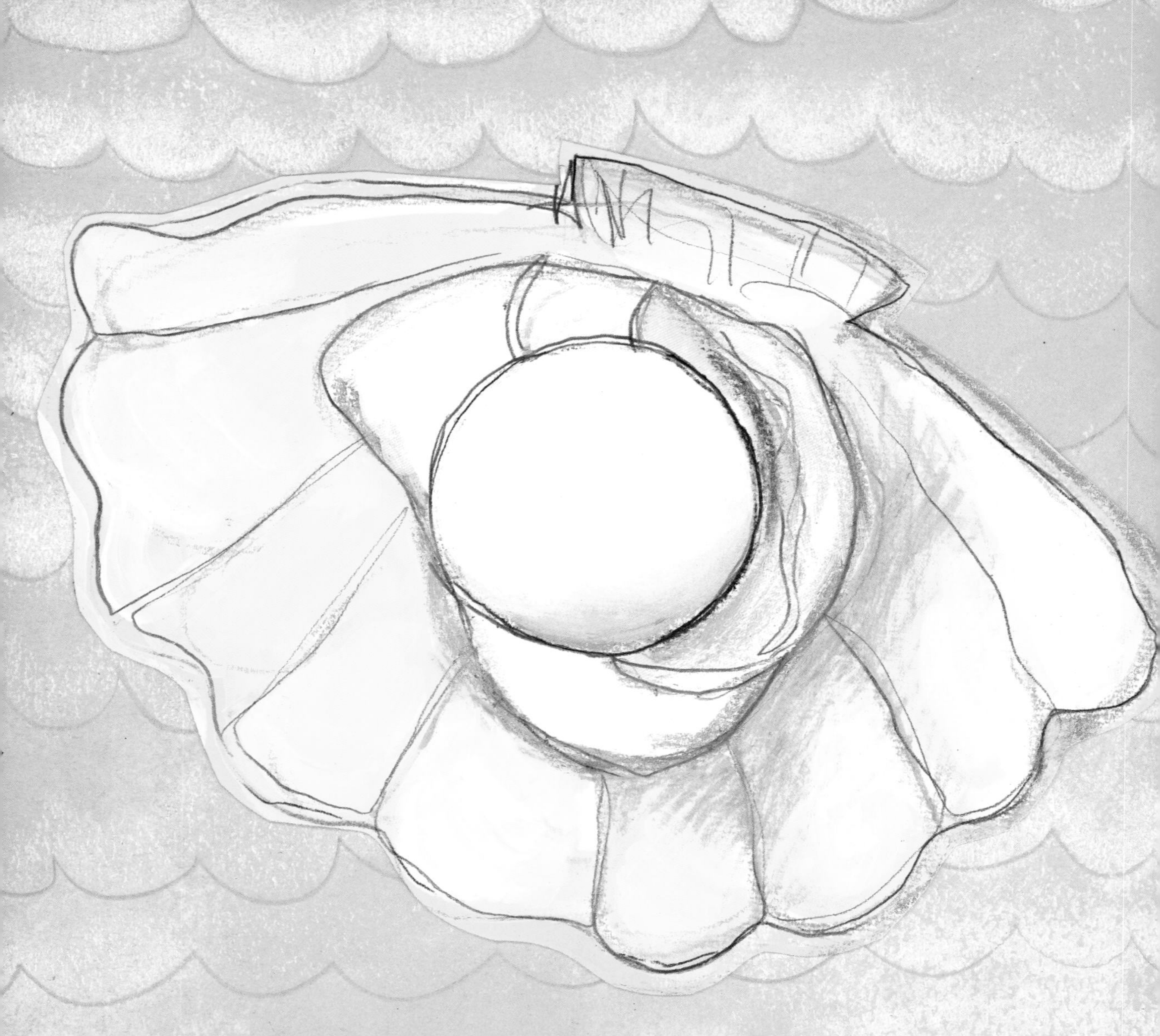

O DE **O**STRA

O IS FOR **O**YSTER

P DE **P**IRATA

P IS FOR **P**IRATE

Q DE QUINTETO
Q IS FOR QUINTET

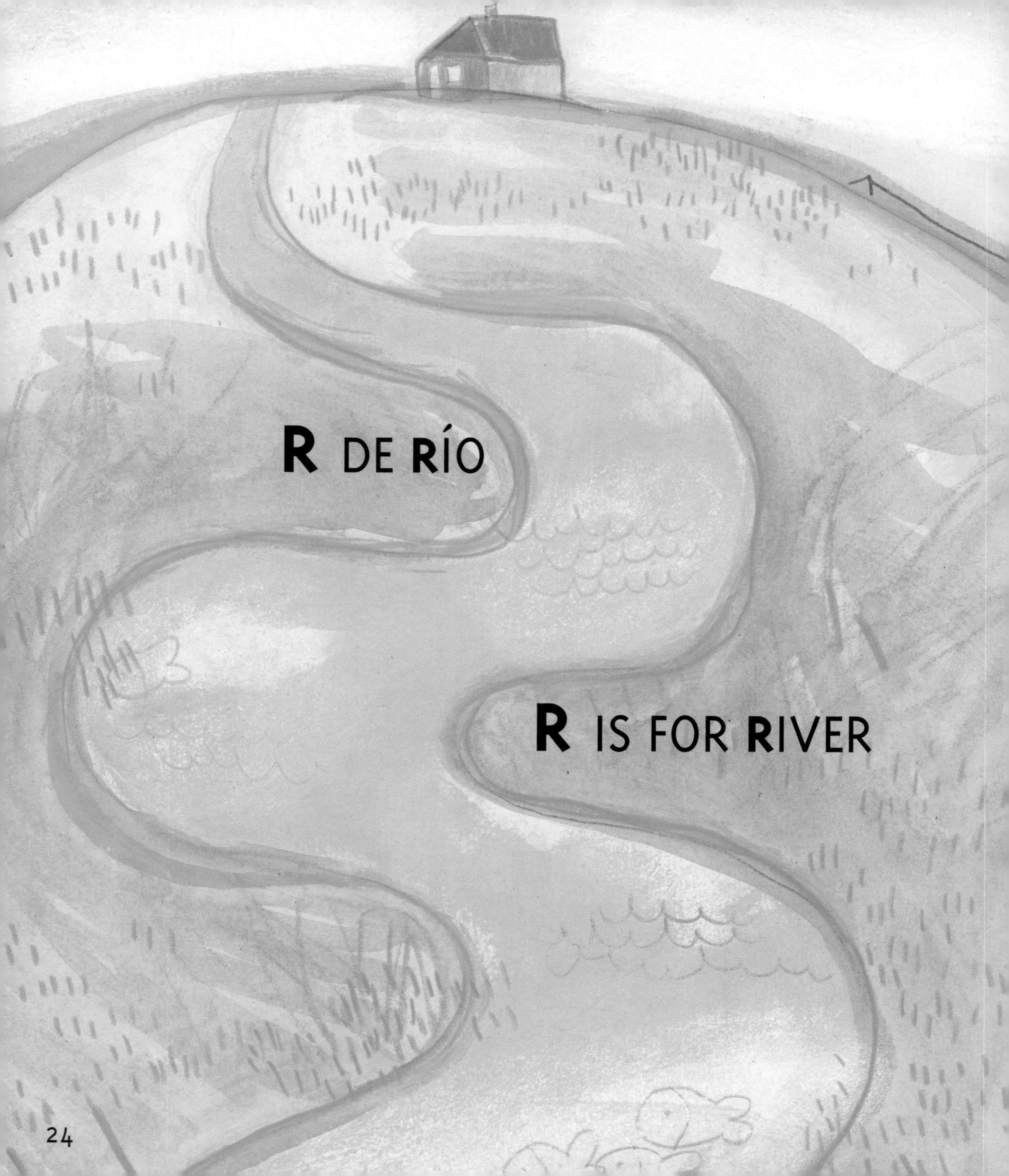
R DE **R**ÍO
R IS FOR **R**IVER

S DE SOL
S IS FOR SUN

T DE TORTUGA   T IS FOR TURTLE

U DE **U**NICORNIO

U IS FOR **U**NICORN

V DE VAMPIRO   V IS FOR VAMPIRE

W DE **W**INDSURF

W IS FOR **W**INDSURFING

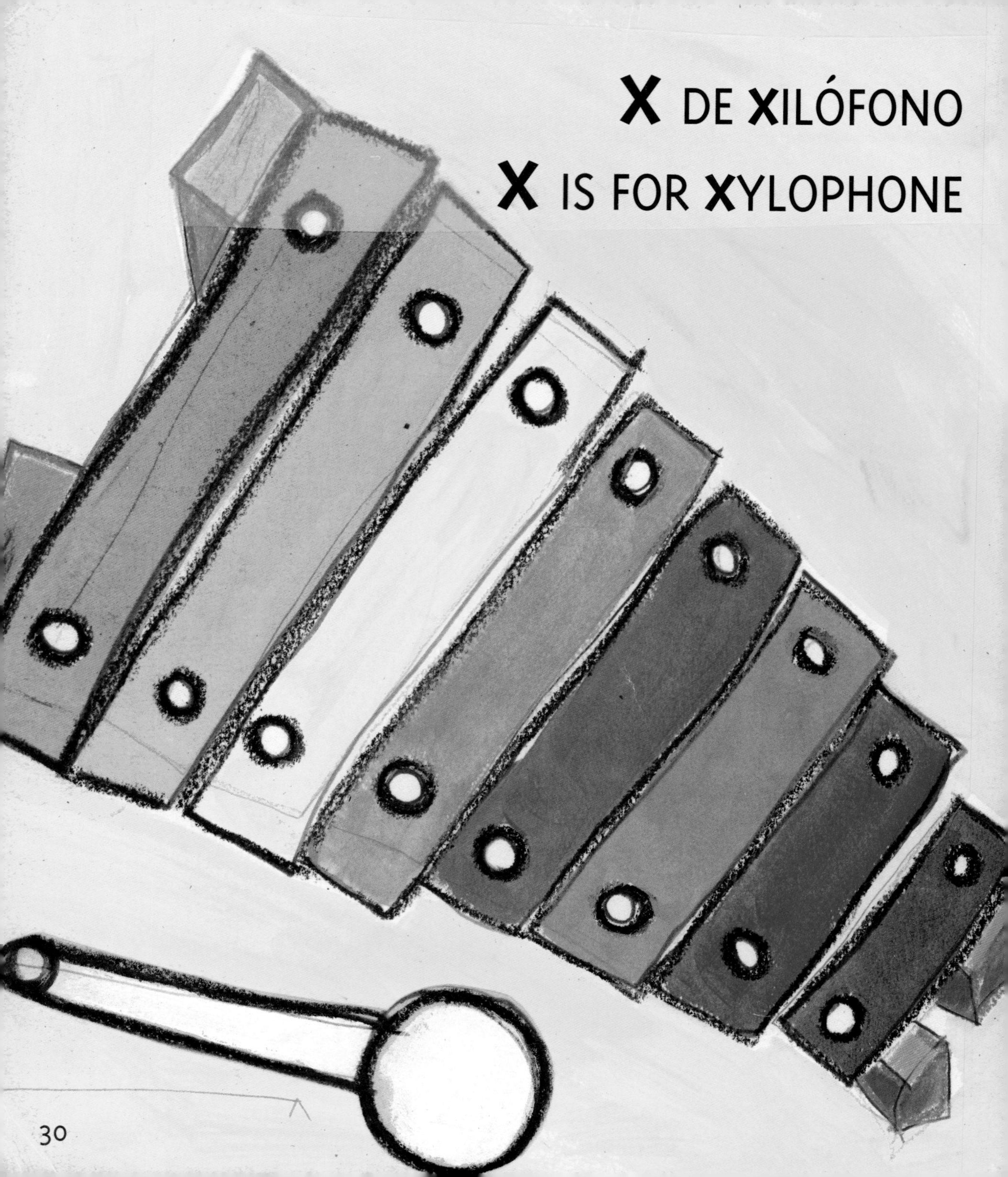

X DE XILÓFONO
X IS FOR XYLOPHONE

Y DE **Y**O-YO
Y IS FOR **Y**O-YO

Z DE ZOOLÓGICO
Z IS FOR ZOO